TAPISSERIES

DE

PREMIER ORDRE

Appartenant à M. M...[oyse]

———

COMMISSAIRE-PRISEUR | EXPERT

Me CHARLES PILLET | M. L. BLOCHE

CATALOGUE

DE

TAPISSERIES

DE PREMIER ORDRE

DE BEAUVAIS, D'AUBUSSON, DE BRUXELLES ET DES FLANDRES

*Appartenant à M. M****

DONT LA VENTE AURA LIEU

HOTEL DROUOT, SALLE N° 1,

Le Samedi 27 Février 1875,

A trois heures et demie.

Par le ministère de M° **CHARLES PILLET**, Commissaire-Priseur,
10, rue de la Grange-Batelière,

Assisté de **M. L. BLOCHE**, Expert, 19, boulevard Montmartre.

Chez lesquels se distribue le présent Catalogue.

EXPOSITIONS { *PARTICULIÈRE :* Le Jeudi 25 Février 1875,
PUBLIQUE : Le Vendredi 26 Février 1875,

De une heure et demie à cinq heures et demie.

CONDITIONS DE LA VENTE

Elle sera faite au comptant.

Les adjudicataires payeront *cinq pour cent* en sus des enchères.

L'exposition mettant le public à même de se rendre compte de l'état des objets, il ne sera admis aucune réclamation une fois l'adjudication prononcée.

Paris. Imp. de PILLET fils aîné, rue des Grands-Augustins, 5.

En cataloguant les tapisseries de *M. M.*, nous nous sommes abstenus d'en constater l'état de conservation assez rare pour ne pas employer une même formule après chaque description.

Nous nous contenterons de le signaler ici à l'attention de MM. les amateurs.

Les cinq panneaux de Beauvais (n. 1) donnent, par leur composition même, une assez juste idée du grand style Louis XIV au point de vue de l'ornementation et au point de vue décoratif. Leurs dimensions agréables les rendent d'un placement facile dans tous les salons.

La tapisserie d'Aubusson que nous avons attribuée à *Picon*, date précisément de l'époque où celui-ci dirigeait les ateliers de la manufacture. On y fit spécialement alors des sujets en l'honneur du roi. L'allégorie de celui-là nous échappe, et faute d'indices sérieux qui nous autorisent à lui donner un titre, nous en avons seulement décrit la composition. Elle est partie en soie, et les couleurs les plus tendres ont conservé toute leur fraîcheur primitive.

Les personnes qui ont visité l'année dernière l'*Exposition de l'Union centrale des Beaux-Arts appliqués à l'industrie*, se rappelleront facilement la série des douze tapisseries de Bruxelles, représentant les épisodes de la vie d'Alexandre, qui décoraient la grande salle numéro 10.

La presse artistique en parla alors dans des termes flatteurs. Nous le comprenons d'autant plus aisément que nos recherches faites dans les archives de la ville de Bruxelles nous ont fourni des documents de l'époque où elles furent fabriquées, et qui les signalent comme les œuvres les plus remarquables du célèbre F. RAES, dont elles portent toutes la signature.

Le numéro 19, qui représente une partie de la *Fête de village* de D. TENIERS, est un véritable tableau. Les personnages sont vivants et dansent avec cet entrain remarqué dans l'œuvre du maître, que le Louvre possède et cataloguée sous le numéro 515.

Arthur BLOCHE.

DÉSIGNATION

TAPISSERIES DE BEAUVAIS

1 — Cinq tapisseries lamées d'or, de la manufacture de Beauvais, époque Louis XIV.

Au milieu d'enroulements, de guirlandes et fleurs, de rubans dans lesquels voltigent des oiseaux et courent des chiens et des renards, se présentent des vases garnis de fruits. Au-dessus, c'est-à-dire le centre de chaque panneau, offre un médaillon allégorie de la *Justice* et des *Saisons*, encadré de fleurs. Les bordures représentent une suite de coquilles.

Ces dessins, en nuances très-harmonieuses quoique éclatantes, se détachent sur un fond havane lamé d'or.

Loug., 1 m. 75 cent.; haut. 4 m.

2 — Dessus de siége en tapisserie de la manufacture de Beauvais, époque Louis XIV.

Il offre au centre un *faisceau de licteur*, encadré

de guirlandes de fleurs, d'enroulements et de coquilles. La bordure formant les bas-côtés présente des oiseaux dans des enroulements et une suite de coquilles, le tout se détachant en couleur sur un fond havane lamé d'or.

3 — Deux bandeaux en tapisseries de la manufacture de Beauvais, époque Louis XIV.

Ils représentent des emblèmes de la *Fortune*, au milieu de guirlandes de fleurs, d'enroulements et de coquilles, se détachant sur un fond havane lamé d'or. Deux côtés ont une bordure à deux rayons, offrant des enroulements et des coquilles.

Long., 1 m. 05 cent.; haut. 50 cent.

4 — Deux petits panneaux en tapisserie de la manufacture de Beauvais, époque Louis XIV.

L'un représente une allégorie de la *Force*, l'autre de la *Fortune*, au milieu d'enroulements, de fleurs et de coquilles. Deux côtés ont leurs bordures qui offrent des oiseaux perchés sur des ornements, et une suite de coquilles; le tout sur fond havane lamé d'or.

Long., 68 cent.; haut. 85 cent.

TAPISSERIES D'AUBUSSON

5 — Tapisserie de la manufacture d'Aubusson, attribuée à Picon, époque Louis XV.

Elle représente au premier plan, à gauche, plusieurs paysannes qui causent, au milieu des paysans qui embarquent de riches coffrets, et au même plan, deux personnages qui semblent discuter. A droite, une barque quitte le rivage; au second plan, on aperçoit un trois-mâts qui se dérobe en partie derrière une falaise. Au fond se déroule un paysage.

Long., 2 m. 50 cent.; haut., 2 m. 80 cent.

6. — Douze beaux fauteuils complets en tapisserie d'Aubusson, époque Louis XIV.

Les dossiers et les dessus de siéges représentent des sujets tirés des fables de La Fontaine, encadrés de guirlandes de fleurs, de coquilles et d'enroulements sur fond marron. Les bras représentent des fleurs.

TAPISSERIES

DE BRUXELLES ET DE FLANDRE

SÉRIE DE DOUZE TAPISSERIES DE BRUXELLES

Par F. RAES

DIX-SEPTIÈME SIÈCLE

Elles représentent des épisodes de la vie d'Alexandre. Les bordures larges offrent, au bas, en haut et au centre, des médaillons représentant des paysages. Autour se déroulent des guirlandes de fleurs et de fruits, dans lesquelles se jouent des enfants, des chérubins, des quadrupèdes et des oiseaux. Aux angles figurent des urnes ornées de mascarons et combles de fruits. Elles portent toutes les armes et les monogrammes de la ville de Bruxelles, et la signature de F. RAES.

Sujets tirés des compositions de P. RUBENS.

7 — Le triomphe d'Alexandre.

Composition en partie tirée du tableau du Louvre, représentant le *Triomphe de la Religion*.

Long., 6 m. 55 cent.; haut., 3 m. 82 cent.

8 — Alexandre vainqueur à la bataille d'Arbelles.

Long., 5 m. 75 cent., haut., 3 m. 84 cent.

9 — Les femmes de Darius implorant la clémence d'Alexandre.

Long., 5 m. 20 cent.; haut., 3 m. 85 cent.

10 — Alexandre, aprèsla bataille d'Issus, rassurant les femmes de Darius.

Long., 5 m. 20 cent.; haut., 3 m. 85 cent.

11 — Alexandre sur le trône de Darius à Persépolis.

Long., 5 m. 30 cent.; haut., 3 m. 80 cent.

12 — Alexandre tranchant le nœud gordien.

Long., 4 m. 70 cent.; haut., 3 m. 83 cent.

13 — Alexandre se disposant à aller combattre les Perses.

Long., 4 m. 60 cent.; haut., 3 m. 80 cent.

14 — Diogène répondant à Alexandre de se retirer
de son soleil.

Long., 3 m 35 cent.; haut , 3 m. 85 cent

15 — Cléopâtre recevant le butin fait à Gaza.

Long., 3 m. 30 cent.; haut., 3 m. 80 cent.

16 -- Alexandre roi d'Asie.

Long., 3 m. 28 cent.; haut., 3 m. 80 cent.

17 — Alexandre tuant un lion à la chasse.

Long., 3 m. 22 cent,; haut., 3 m. 95 cent

18 — Alexandre se disposant à monter Bucéphale.

Long., 3 m. 18 cent.; haut., 3 m. 89 cent.

19 — Tapisserie de Bruxelles, époque Louis XV.

Composition tirée du tableau de D. TENIERS intitulé :
la *Fête de village.*

Long., 1 m. 40 cent.; haut., 2 mètres.

20 — Tapisserie flamande du xv° siècle.

Elle représente le *tondage des moutons*.

Long., 2 m. 20 cent.; haut., 1 m. 50 cent.

21 — Bandeau en tapisserie de Flandre du xv° siècle.

Il représente une châtelaine tissant une couronne avec des fleurs que lui présente une servante, et de chaque côté un jardinier.

Long., 2 m. 20 cent.; haut., 95 cent.

22 — Huit petites tapisseries de Flandre époque Louis XIII.

Elles représentent des vases de fleurs et des enroulements. Travail au point.